Für Sigmund

mit freundschaftlichem Gruß

Albrecht

12.3.09

Eine gewisse Ungewissheit

Titelbild: Manfred Kelleter

ISBN 978-3-928030-33-5

Ostheimerstr. 6, 66386 St. Ingbert
Fax 06894-384949
wassermannverlag@aol.com
Satz: Horst Lang
Druck: Creativ Studio Weiß GmbH
Saarbrücken

Albrecht Zutter

Eine gewisse Ungewissheit

Vom coolen Umgang mit Sprache

Mitarbeit: Horst Lang

WASSERMANN

Inhalt

Das kann man nur oft genug wiederholen

Originaltöne aus dem Saarländischen Landtag:

- „Wir können uns die einzelnen Zahlen von Pisa gerne wochenlang rund um die Ohren schlagen, damit bringen wir kein einziges Land in diesem Kind nach vorne."

- „Äh, da finden Sie mich auf meiner Seite."

- „Sie kennen meinen Zustand nicht, wenn er sich der Erregung nähert, Gott sei Dank, Gott sei Dank!"

- „Der nationale Mix der eingesetzten Energieträger wird nicht durch die Bundesregierung festgelegt, sondern ist das Ergebnis der Entscheidungen der verantwortlichen Akteure auf, äh, auf der, ähm, äh, auf – jetzt hab ich leider das Ende auf meinem Platz liegen lassen."

(gehört in SR 3, Region am Mittag, 31.12.2007)

Und auf höchstem Niveau:

- *Edmund Stoiber:*
  „Die einen haben eine höhere Arbeitslosigkeit, die andern eine wenigere."
  Derselbe im September 2007 mit einem kühnen Satz:
  „... in die gludernde Lot – in die gludernde Flot – in die glodernde Flut"

- *Bundespräsident Köhler interpretiert die alte Fußballerweisheit ‚Nach dem Spiel ist vor dem Spiel':*
  „Das nächste Spiel heißt – natürlich – Spiel ist vor dem nächsten Spiel – oder so ähnlich." *(Dez. 2007)*

- *Philosophische Kontinuität:*
  Sokrates: „Was ich nicht weiß, glaube ich auch nicht zu wissen." *(um 430 v. Chr.)*
  Horaz: „Nicht alles zu wissen ist erlaubt."
  (um 20 v. Chr.)
  Paulus: „Unser Wissen ist Stückwerk."
  (um 50 n. Chr.)
  Schäuble: „Ich weiß nur das, was wir wissen. Ob ich alles weiß, was wir wissen, weiß ich auch nicht. Aber ich weiß natürlich, niemand von uns weiß etwas, was er nicht weiß." *(2007 n. Chr.)*

(Quelle für alle Äußerungen außer denjenigen von Sokrates, Horaz und Paulus:
ZDF, „Der satirische Jahresrückblick 2007", 18.12.07)

Initiative gegen Pisa
durch Ex-Kulturminister Michael Naumann:

„Wir werden die Studienpläne – die – Entschuldigung, wir werden die Pläne an den Schulen – oh Gott, wir werden die Schulpläne an den – wir werden die Schulstunden entrümpeln.“
(NDR-Fernsehen, 17. 2. 2008)

Ein sehr viel sicherer Job
und ein sehr viel verquerer Satz –
Christian Wulff, Ministerpräsident von Niedersachsen:

„Bundesligatrainer ist ein sehr viel sicherer Job als SPD-Vorsitzender.“
(10. 9. 08 im SWR-Fernsehen, als gelungenes Bonmot in fast allen Tageszeitungen zitiert)

Unvermöglicht ?

„Die SPD hat einen Neuanfang dramatisch verunmöglicht.“
(Claudia Roth – mit Duldung des Dudens – in ntv, 3.11.08)

Oder so

„Es gibt keinen Grund, schlafende Hunde in den Schubladen zu wecken, oder wie man sagt. “
(Michael Glos, dpa, 29.4.08)

Genau!

„Alle zehn Jahre werden die Menschen ein Jahr älter.“
(Finanzminister Eichel, ARD 12.5.2003)

Der Philosoph Franz Beckenbauer:

„Ich bin jetzt sechzig, da kann man froh sein. Wenn ich vor zwei-, dreihundert Jahren geboren worden wäre, wär ich jetzt schon doot.“
(In: ZDF, „Menschen des Jahres“, 4.12.2005)

Wieder Untat enthüllt!

Wachsfigur von Hitler enthauptet

(Rheinpfalz 7.7.08)

Erinnern Sie sich noch an den berühmten Film „Am Ende des Eierauflaufs“?
Saarbrücker Zeitung (SZ) vom 4.1.08:

Godard seinen bekanntesten Film „Außer Atem“ (Originaltitel: À bout de Soufflé

Früher: „A bout de souffle“

Ach?!

„Marderhundepaare bleiben ein Leben lang zusammen, es sei denn, einer stirbt.“
(NDR-Fernsehen, 20.3.08)

Eine weitere Spezies nach Problembär und Knuddelknutbär:

verbandes idee + spiel, Otto E. Umbach, präsentiert in Nürnberg (Mittelfranken) anlässlich der kommenden Spielwarenmesse zwei Plüscheisbären.

(SZ 1.2.08)

Man lebt nur zweimal

Älteste Deutsche kurz hintereinander gestorben

(SZ 9.10.07)

Wer? Ah, Täter!

Täter stehlen Schildkröte aus einem Freigehege

(SZ 20.6.08)

Schon wieder dieser Täter!

Täter schlägt an Auto die Heckscheibe ein

(SZ 27.9.08)

ein Tor hungriger Stürmer

(Saarbrücker Zeitung, 1/07)

Nicht ganz geglückter Versuch einer Anpassung an die Rechtschreibreform.

Auch „Butter weiche Flanken, von denen eine der Ball verliebte Dede zum Spiel entscheidenden Treffer verwandelt“, entsprechen nicht den neuen Regeln.

(*Steht in der Zusammensetzung das Substantiv für mehr als* ***ein*** *Wort – hungrig* ***nach Toren*** *–, muss weiterhin zusammengeschrieben werden.)*

Korrekt nach der reformierten Schreibweise wiedergegeben ist hingegen die dpa-Meldung vom 29.6.2004:

„Bombay setzt im Kampf gegen Menschen jagende Leoparden auf Schweine“

Das Gymnasium bleibt ungeschliffen!

„Das Gymnasium, die Trutzburg des Bürgertums, wird nicht geschliffen."

(Geschleifte Formulierung in der ZEIT v. 18.9.08)

Weil Sparen Spaß macht?

Es gehe bei den Überlegungen nicht vorrangig um Spaßmaßnahmen, sondern darum, bei gleichem

(SZ 5.10.05)

Immer feste Feste feiern!

Maifestfest auf dem Bliestal-Radweg

(SZ 30.4.08)

Das besondere Geschenk:

(Prospekt Yves Rocher)

Nicht ohne!

Mit den Ohren durch Nalbach laufen

(SZ 9.10.08)

Großer Barbecue-Dinner

(Schöner Angebot einer Neunkircher Gaststätte, Anzeige 2008)

Womit wurde der Ausgleich vorbereitet?

Jansen bereitete mit einer harmlosen Fleischwunde in der rechten Wade nach einem Zuckerpass von Ballack das 1:1 von Neuville (74.) vor.

(SZ 2.6.08)

TV-Reporter beim Empfang der deutschen EM-Fußballer in Berlin (30.6.08):
„Man sah ihnen die Freude über den Empfang an – auch wenn es ein paar geknickte Gesichter gegeben hat."

„Ich hoffe, dass ich hier den großen Rückschlag starten kann."
(Timo Boll, Olympia in Peking, 11.8.08)

„Das weinende Auge ist bei mir auch dabei."
(Reporter D.Thiele, „Eurosport", Olympia 19.8.08)*

„Es bleiben die nachdenklichen Gedanken."
(Reporter S. Heinrich, „Eurosport", Olympia 28.8.08)*

**Für die Olympia-Berichterstattung ausgezeichnet mit dem Deutschen Fernsehpreis 2008*

Aus dem Kulturleben

Georg Friedrich Händels „Feuerwerksmusik", uraufgeführt 1749 bei einem Feuerwerk, das König Georg II. in London veranstalten ließ, hat einen passenderen Namen erhalten:

Pressemitteilung vom 25.11.1996:
Passender hätte die Eröffnung nicht sein können: Georg Friedrich **Händels „Feuerwehrmusik"**, gespielt vom Musikkorps der Freiwilligen Feuerwehr Münster ...
(www.muenster.de/stadt/musikkorps/Presse/WN251196.htm

Philipps-Universität Marburg – Geschäftsstelle:
Einblick in die musikalische Zusammenarbeit gab die Darstellung eines fünfköpfigen Bläserensembles, das drei Stücke aus Georg Friedrich **Händels Feuerwehrmusik** ....
www.uni/marburg.de/uni/bund/veranstaltung/20080702

Die Ouvertürensuite „Feuerwehrmusik" ergänzt übrigens Händels „Wasser-marsch! -Musik" von 1717, fälschlich auch „Wasserwerksmusik" genannt.

Brilliant geschrieben:

Literatur: Der schönste erste Satz ist von Günter Grass
6. Nov. 2007... „Isebill salzte nach." Dies ist der brillianteste Anfang deutschsprachiger Romane...
www.welt.de/kultur

Persönliche Anmerkung:
Meine Augen stehen noch voll Tränen, denn ich habe gerade den schönsten Satz gelesen, mit dem je ein deutscher Roman begann, er heißt „Ilsebill salzte nach". Was für ein Anfang! Gewählt als schönster wurde er von einer sechsköpfigen Jury, der neben Elke Heidenreich und Jutta Limbach (Goethe-Institut) auch die Moderatorin Marietta Slomka und der Handballbundestrainer Heiner Brand angehörten. Zu dem Wettbewerb, den die „Initiative Deutsche Sprache" und die „Stiftung Lesen" veranstaltet hatten, gab es 17000 Einsendungen.
Wie viele (16900 ?) haben denselben Satz aus dem Meer der Sätze herausgefischt! Und dann war es zufällig einer von unserem Nobelpreisträger Günter Grass!
„Ilsebill salzte nach." Nie hat mich ein Satz am Anfang eines Textes so berührt. Doch – einmal! Es ist lange her, und der Satz hieß: „Jerry lud nach." Es war der Anfang eines Jerry-Cotton-Heftchens. Aber „Ilsebill salzte nach" ist noch schöner.

Alles in Ordnung!

„Hier sind ordnungsgemäße Fehler und Schlampereien passiert.“
(Unicef-Botschafterin Sabine Christiansen zur Unicef-Affäre. In: ARD, Tagesschau 6.2.08)

Opernsänger Peter Merten in: SR3, Region am Sonntag, 3.2.08:
„Wir haben wochenlang eine Vergewaltigung probiert!“

„Es soll ja auch optisch nach was aussehen“
(Moderatorin ARD-Buffet, 30.6.08)

„Wenn man das Zipfel der Wurst noch in der Hand hat, dann ist es ja in Ordnung.“
(Kommentator von“ Eurosport“, Peking 20.8.08, Stabhochsprung-Qualifikation)*

„Mentale Sachen sind nicht zu verachten.“
(ders. in „Eurosport“, 15.8.08)

*vgl. S. 15

Zum Glück gibt es da ja die

Gesellschaft für deutsche Sprache.

Sie verlieh im April 2008 den

„Preis für Sprachkultur 2008“

an ein sprachliches Vorbild von Rang,
an Günter Netzer.

Sätze des Preisträgers (aus Kommentaren von Fußballspielen der Jahre 2006 - 2008, ARD):

„Das ist etwas, wo man nicht in Sack und Asche verfallen muss!“

„Ihre Laufbereitschaft kommt nicht zum Tragen.“

„Schönes Tor, auch von seiner Seite!“

„Torres ist im Gegensatz zu Villa ein anderer Spieler.“

„Er schlägt sich immer mit drei, vieren umher.“

„Eine gesunde Härte muss vonstatten gehen.“

„Die waren so gut wie draußen und haben sich jetzt aus ihrem Schopf – aus dem ihrem eigenen Schopf gezogen – aus dem Sumpf.“

„Dass sie sich schon mal erfolgreich kennen gelernt haben, das ist mit Sicherheit ein Vorteil.“

„Ich kann das nur oft genug wiederholen.“

„Die Torchancen halten sich doch im Rahmen, die sie sich immer wieder herausarbeiten.“

Während der Fußball-WM im Juni/Juli 2006
Miroslav Klose im Fernsehen:
„Die Argentinier haben das Pech, gegen uns zu treffen."

Podolski während der WM 2006:
„Wir müssen uns jetzt aufkrempeln ... Ich habe keinen Zweifel, dass wir rausfliegen."

Reporter (Tom Bartels) während der Fußball-EM am 16.6.08:
„Er lässt Gnade vor Recht entgehen."
„Der Ball springt Pogatetz an die Hand, aber ohne Absicht."
„Steigerungsbedarf ist vonnöten."

Jogi Löw während der EM am 12.6.08:
„Wir hätten mit einem Bein ins Viertelfinale einziehen können ... Eine gewisse Ungewissheit besteht."

Spieler der deutschen Nationalmannschaft vor dem EM-Endspiel am 29.6.08:
„Mit Spanien muss man immer rechnen, die sind unberechenbar."

Netzer nach dem verlorenen Endspiel über die deutschen Spieler:
„Sie haben gezeigt, dass ihre Grenzen offensichtlich waren."

Und die Klassiker:

„Wir dürfen nach einem Sieg in Folge nicht wieder den Schlendrian anbrennen lassen.“ *(Valentin Herr)*

„Das war kein Foul. Ich habe ihn nur ganz leicht retuschiert.“ *(Olaf Thon)*

„Hoffentlich gelingt es, die Mannschaft aus ihrer Ekstase zu holen.“ *(Lothar Matthäus)*

„Ich habe nur immer meinen Finger in Wunden gelegt, die sonst unter den Tisch gekehrt worden wären.“ *(Paul Breitner)*

„Der Miro ist seit Monaten in bestechlicher Form.“ *(Jürgen Klinsmann)*

„Natürlich ist mir ein kleiner Stein von den Schultern gefallen.“ *(Jörg Albertz)*

„Wenn der Berti Direktricen ausgibt, da müssen sich alle dran halten!“*(Heinz Kwiatkowski)*

„Damals hat die halbe Nation hinter dem Fernseher gestanden.“ *(Franz Beckenbauer)*

„Fußball ist inzwischen Nummer eins in Frankreich. Handball übrigens auch.“ *(Heribert Fassbender)*

Von Frauen und Männern

„Richtig ist, dass der Kanzler vor mir lag und ich vor dem Kanzler lag.“
(Angela Merkel über ihren wechselnden Rang in der Beliebtheitsskala, ZEIT ONLINE 01/2002)

„Frauen werden in wirtschaftlich schwierigen Zeiten eher entlassen und später als Männer wieder eingestellt.“
(Bundesministerin Claudia Nolte im Bundestag, Plenarprotokoll vom 26.10.95)

„Zur Wahl stehen Herr Professor Doktor Gesine Schwan und Herr Professor Doktor Horst Köhler.“
(Bundestagspräsident Wolfgang Thierse bei der Wahl für das Amt des Bundespräsidenten am 23.5.04 in Berlin)

Andrea Ypsilanti:
„Ich bin in Rüsselsheim als Sohn eines Opel-Arbeiters geboren.“
(*ZDF, Menschen 2008, 7.12.08)*

Passt!

Schaufenster in Saarbrücken

Am Waldfriedhof St. Ingbert

Aktion „Saubere Abfallkörbe“ ?

Schild auf dem Alten Friedhof in St. Ingbert

Papst gewählt
Teufel tritt zurück

(Teletextseite v. 21.4.05)

Nächste Woche: Revolution

(DIE ZEIT 24.8.08)

Der Dreck muss weg – Bist Du dabei?

Motto der Aktion „Saarland picobello" 2009

1. **Ich bin dann mal weg**

   Harpe Kerkeling

2. **Ich nicht**

   Joachim Fest

Aus:
Spiegel-Bestsellerliste Sachbuch, Oktober 2006

Ich schon lange richtig deutsch –

Ich fünfzige

Aktion der Saarländischen Landesregierung 2007

*Feinschmecker mit besonderen Vorlieben horchten auf, als 1996 dank der Rechtschreibreform „*frisch gebackene Ehemänner“ *auf den Markt kamen. Leider nicht für immer: Seit 2006 gibt es wie ehedem nur noch „*frischgebackene“, *also gerade erst getraute, Ehemänner.*
(s. Duden 21. und 24. Ausgabe)

Ideales Schlafmittel

Klebt innerhalb von Sekunden
Haut und Augenlider zusammen

(Hinweis auf einem Sekundenkleber)

Vorsicht! Wenn der Durst zum Brand wird:

Firmenschild, St. Ingbert

Preiswürdig!

Hohenemser Literaturpreis für deutschsprachige AutorInnen nichtdeutscher Muttersprache deutschsprachiger Prosatexte

(Newsletter des Uschtrin Verlags)

Mittwoch, 29.10., 17:00 Uhr
JVA Ottweiler
Wolfgang Niedecken, Sänger der Gruppe BAP, liest für jugendliche Strafgefangene aus der Biografie von Bob Dylan mit Songs zur Gitarre
(geschlossene Veranstaltung)

(*Veranstaltungskalender* TREFFPUNKT BIBLIOTHEK 2008)

Namen aus Geburtsanzeigen deutscher Kinder

Kim Zoe Huber
Gwendoleen Ihl
Mayleen Loch
Leon Joshua Schmitt
Finn Knoll
Rosanna Dory Wambach
Felix-Lazaré Schuh
Connor Francis Blatt
Lorena Noemi Müller
Meredith Wachs
Mike-Maurice Dillbaum
Moritz-Breandan Deffland
Zoé Derschang
Aurelio Biermacher
Mercedes Knobloch
Solveig Schuhmacher
Lara Maya Becker
Renana Guckelmus
Calvin Ruffing
Jean-Claude Ochs
Jouline Meier
Colin Miguel Brengel
Kimi Uhl
Silas Backes
Damien Julien Noll
Pierce Fickinger
Dejan Neuschwander
Lara Malin Klahm
January Heib
Lysander Zewen
usw.

(Aus versch. Zeitungen, notiert 2007)

Sale of language

Aus der Geburtsanzeige eines deutschen Kindes:

... to whatever end ...

(SZ 24.5.08)

Weshalb unsere Vorschulkinder schon so gut Englisch sprechen?

Kindersendungen im deutschen Fernsehen:

Woofy (ab 3)
Sponge Bob (ab 6)
DuckTales (ab 6)
What´s New, Sooby-Doo? (ab 6)
Real Ghostbusters (ab 6)
Magic Attack (ab 6)
Bugs Bunny & Looney Tunes (ab 7)
Dragon Hunters (ab 8)
Transformers Animated (ab 8)
Chop Socky Chooks (ab 8)
Spiderman (ab 8)
Mon Colle Knights (ab 8)
Darkwing Duck (ab 8)
Life Bites (ab 8)
Urban Vermin (ab 8)
Power Rangers Operation Overdrive (ab 10)

(Aus Kika, RTL 2, Super RTL, Kabel 1, notiert Juni 2008)

Was es nicht alles gibt für den, der Englisch kann!

- Projekt „Kindergarten-Kids in Bewegung"
  (Landessportverband des Saarlandes, ab 2004)
- Projekt „Talente in Concert"
  (St. Ingbert, Mai 2008)
- „Street-Soccer-Turnier" – „im 10 x15 Meter großen Court"
  (Homburg, 21. Juni 2008)
- Vortrag „Powerthinking" – für Manager
  (Saarbrücken, 18.Juni 2008)
- „Midweek-Arrangement"
  (Angebot eines Schwarzwaldhotels, Juni 2008)
- „Fashion Week"
  (Berlin, Juli 2008)
- Projekt „Palliative Care" – in der Seniorenbetreuung
  (Saarbrücken, Juni 2008)

Mrs.Sporty
Ihr persönlicher Sportclub

(*Spiesen*)

TuningExpo vom 13. bis 15 Juni in Saarbrücken

Dragster, Drag-Racing
Show and Shine, Action- und Eventbühne, Tuning-Clubs, Showcars, Lowrider-Show,
Airbrush, Trial-Show, Car-Hifi,
Sexy Car Wash

Christmas-Rock:
Band wanted!

„In einem Voting wird entschieden,
welche Band Opener des Events
in Rentrisch wird."
(Wochenspiegel, 10.9.08)

Lieben Sie „Stille Nacht, heilige Nacht"
und blicken Sie gerne in leuchtende
Kinderaugen?

Dann kommen Sie zu den
„Christmas Classics 2008"
The New Generation

Mit den neuen saarländischen Shooting-Stars

Quatsch goes Christmas
Comedy Show Pro 7, 2008

(Merzig)

Macht mit beim Guitar-Hero-Contest 2008

Teilnahme/Voraussetzungen

Gesucht werden Teilnehmer über 18 Jahren,
die an einer überaktiven Blase leiden.

Achtung: Zeilen einer anderen Anzeige wurden irrtümlich mitgedruckt!
Wir bitten das Versehen zu entschuldigen.
Der Herausgeber

Filme in saarländischen Kinos
(notiert im Juni 2008)

Things We Lost in the Fire	Down by Law
Love Vegas	Sex and The City
Iron Man	Blind Wedding
The Eye	Half Nelson
No Country for Old Men	Prom Night
Princess	Eat Drink Man Woman
Control	The Happening
There will be Blood	Get Smart
Bee Movie	Brokeback Mountain
Football under cover	Outsourced
Sunkissed	All the Boys Love Mandy Lane
Funny Games U.S.	Smoke
Whale Rider	Pitch Black
Happy Go Lucky	A beautiful Mind
Night on Earth	Solo Sunny
Shine a Light	Glue
Itty Bitty Titty Committee	Untraceable

*

Ausbau der Potsdamer Babelsberg Film School

(im April 2008 eröffnete deutsche Filmhochschule)

Kölner Filmfestival September 2008:
Den Max-und-Moritz-Preis für den besten deutschsprachigen Comic erhält Reinhard Kleist für „Cash – I see a darkness".

Wow! Darauf ein „Crazy Schnitzel" und ein „Classic Water"! Und noch einen Kaffee Togo. Oder so ähnlich
(Gastronomische Angebote, Juni 2008)

Der beliebte Slogan des Senders SAT.1

Powered by emotion

wurde bei einer Umfrage des Instituts *Endmark Köln* von einem Großteil der 1100 Befragten mit **„Kraft durch Freude“** übersetzt (neben der Version **„Mit Gefühl gepudert“**).
Weshalb der kraftvolle Werbespruch dann trotzdem 2004 durch ein blasses deutsches **SAT.1 zeigt´s allen** ersetzt wurde, ist nicht bekannt.

*

„Am 24.9.08 beginnt das **internationale literaturfestival berlin**, eines der großen Lesefeste bundesweit. Erstmals treten sechs junge deutsche Talente in der neuen Sparte **‚New German Voices‘** auf.“
(dpa 22.9.08)

*

ARD-Fernsehen 27.9.08:
Gast: „Unser Amt steht rund um die Uhr zur Verfügung, das heißt auch nachts.“
Moderator Frank Elstner: „Also ein Twenty-four-hours-Service.“

Best of Politik

(auf einem Wahlplakat der CDU Saar, August 2004)

Best Ager bauen fürs Leben

(Wochenspiegl, 4.6.08)

BertelsmannStiftung
Carl Bertelsmann-Preis 2008

ALLE KIDS SIND VIPS

emotionworld
Die ganze Welt des Kindes.

Saarländisches Kultusministerium (MBFFK) verlieh „Scool Award für mediengestütztes Lernen im Unterricht“

(Lehrer und Schule heute, Januar 2009)

Mitvoten: Wer tippt richtig?

User und Leser können attraktive Preise gewinnen

Kids-Toilettenpapier
3-lagig, á 150 Blatt

Super Vlaush

HOT BASICS FOR MEN

GIFTCOMPANY
GESCHENKE VERTRIEBSGESELLSCHAFT MBH

Besonders gefährdet ab jetzt:
Nicht englisch sprechende Deutsche!

DON´T DRINK TOO MUCH – STAY GOLD
(Bierdeckelaufschrift. Aktion der deutschen Polizei gegen Koma-Saufen, Dezember 2008)

Übrigens:
Hüttenkäse ist out – in ist:

Das jüngste Gericht !
Das typisch deutsche Gericht Sauerkraut – in den USA noch „sauerkraut" genannt – heißt in Deutschland jetzt anders:

(Sauerkraut, hergestellt in Deutschland, Januar 2009)

Immer cool bleiben

cool: eigentlich „kühl"; stammt im Sinne von „lässig-locker-überlegen" aus der Jazzmusik oder der Karibik; in Deutschland ursprünglich jugendsprachlicher Begriff, dort auch in der Bedeutung „geil" gebraucht. Wurde inzwischen in den *Duden – Die deutsche Rechtschreibung* aufgenommen und gehört in unserer Gesellschaft zu den besonders erstrebenswerten Persönlichkeitsmerkmalen.

In der zunehmenden Coolness zeigt sich die Distanzierung von traditionell bürgerlichen Normen: die Deutschen sind nicht mehr so steif.

Das Ausmaß ihrer Coolness belegt schon eine einzige Ausgabe einer überregionalen Zeitung
(DIE ZEIT, 7.8.2008):

„cool" sind da:

- Ökoautos
- ein Bungalow
- Journalisten
- das Land
- und das Leben.

Dazu noch eine Filmkritik (zu *Factory Girl*):
„Ihre Kurzauftritte prägten den coolen Ennui ...."

Aus Stellenanzeigen
(verschiedene Zeitungen, Juni 2008)

KÖHL
SOLUTIONS WITH POWER

SYSTEMADMINISTRATOR/IN

Ihr Verantwortungsbereich
Telefonsupport von Windows XP/2000 und deren Standardapplikationen
Erstellung, Kategorisierung und Steuerung von Trouble-Tickets
Remote-Management
Dokumentation, Protokollierung und Assetverwaltung

Ihre Excellence ist gefragt !

Mitarbeiter/in Controlling im Team Best Practice

Office-Trainee **Call-Center-Agents (in- und outbound)**

After Sales Service Utility Tunnelling

Senior Business Process Designer (w/m)

Schoolworkerin* eingestellt
= Schularbeiterin?
Jedenfalls eine Hilfe für die Teacherin!

** Beliebte Bezeichnung, im* Duden *aber noch nicht enthalten, im Gegensatz z.B. zur* **Keeperin** *oder* **Raverin**

An den Universitäten ist man schon weiter

UNIVERSITY OF KONSTANZ

The University of Konstanz is one of the nine Universities of Excellence in the Federal Republic of Germany.

The newly founded **Center for Quantitative Methods and Survey Research (CMS)** is offering

five Ph.D. Positions/Research Positions (Salary Scale 13 TV-L)

1 doctoral grant or 1 post doctoral grant in Near Eastern Archaeology

Ph.D. Student Position in Structural Biology
We are looking for a highly motivated Ph.D. student for structural and biochemical studies on intracellular signaling. Our laboratory at Ruhr-University Bochum is associated with the MPI of Mol. Physiol.

The Jacobs Center on Lifelong Learning and Institutional Development (JCLL) at **Jacobs University Bremen** invites applications for the position of a

Postdoctoral Fellow or Junior Group Leader in Lifespan Developmental Psychology

The independent junior research group "Ethnic Educational Inequality" at the University of Göttingen invites applications for up to

3 PhD positions (Sociology/Social Sciences)

Independent Junior Research Groups

Gendersensible Soziale Arbeit

(Aus der ZEIT 8/08)

Eine interne Info aus der Wirtschaft:

Beim gestrigen Event, für das der Chief Executive Officer eine passende Location gewählt hatte, enthielt ein besonderes Feedback die Performance des toughen Human Resources Managers, der in seinem Statement die Message des Unternehmens erläuterte, die im Prinzip des Hire and Fire besteht, was einer dem Mainstream entsprechenden Corporate Identity dient.

in	**veraltet**
Event:	Veranstaltung
Chief Executive Officer*:	Geschäftsführer
Location:	Örtlichkeit
Feedback:	Rückmeldung
Performance:	Darbietung
tough:	durchsetzungsfähig
Human Resources Manager:	Personalleiter
Statement:	Erklärung
Message:	Botschaft
Hire and Fire*:	Anheuern und Feuern
Mainstream:	vorherrschende Richtung
Corporate Identity*:	Unternehmensidentität

Genannt sind hier einige Basics (Grundlagen) der deutschen Wirtschaftssprache, die den Workflow (Arbeitsablauf) dem Staff (der Belegschaft) verständlicher machen. Für speziellere Vorgänge kommt das Corporate-Wording (Unternehmenssprache) zur Anwendung.

---

* Aufgrund eines offensichtlichen Versehens der Duden-Redaktion sind die drei mit * bezeichneten Begriffe noch nicht im Duden enthalten.

Neuhochdeutsch – Althochdeutsch

Wie sehr moderne gängige Begriffe durch die Übersetzung ins alte Deutsch (hier: mit Hilfe eines Langenscheidt-Taschenwörterbuchs und des PONS Großwörterbuchs, Klett 2001) leiden oder gar schwer verständlich werden, mögen folgende Beispiele zeigen.

Wir brauchen auch die Soft Skills, d. h. die ***weichen Fähigkeiten.***

Im Angebot ist ein full size ultra-portable notebook, d.h. ein ***in vollem Umfang ultra-tragbares Notizbuch (oder Computer).***

Die Politik befasst sich intensiv mit Gender Mainstreaming, d. h. damit, ***das Geschlecht zur Hauptrichtung zu machen.***

Es geht vor allem um Best Cost Country Sourcing, d.h. um ***Beste Kosten Land Ermitteln.***

Das ist hip, d.h. ***angesagt*** *oder* ***Hüfte*** *oder* ***Hagebutte*** *oder* ***Trübsinn*** *oder* ***melancholisch****.*

Glücklicherweise hilft den geistig etwas zurückgebliebenen Zeitgenossen in kritischen Fällen das Internet, wo aus dem Englischen automatisch übersetzt wird.

Aus dem Internet:

Zukünftiges (Wirtschafts-)Deutsch

„Diese Seite wurde aus Englisch automatisch übersetzt“

„Während Sie hier können Sie:

- ÷ Let Ihrer Kreativität fließen wie Sie peruse unsere Inspiration Station!
- ÷ Visit unserer Bezugsquellen-Seite zu find speicher und order Produkte!

Wir bitten Sie, Ihre Bestellung und wird sich mit Ihnen einen angepassten Versandkosten Betrag je nach Bedarf.
Z. Innovative Products, Durham, England“

Wissenschaft aus dem Internet:
„Zum Akt des Glaubens gehören ...
Traditionelle Gebete, Glaubensbekenntnisse und Ejaculationen *
Unser Vater, der Kunst im Himmel, geheiligt werde dein Name.
Geben Sie uns heute unser tägliches Brot, und vergib uns unsere trespasses wie auch wir vergeben Hausfriedensbruch gegen uns.....
Einige der anderen, nicht markierten Gebete werden kann oder nicht oder waren indulgenced; ich werde Marke, wenn sie gefordert, wie ich lernen, ihren Status.“

* ejaculations =Stoßgebete
(translate.google.de)

König Martin Luther

Dass gerade Schüler die Möglichkeiten des Internets zu nutzen wissen, erfuhr z.B. eine Lehrerin durch ein Referat über König Martin Luther.
Benutzt hatte der Schüler dazu einen Text, der – aus dem Englischen übersetzt – folgende Informationen enthielt:

„König Martin Luther war geboren in Georgien1929. Sein Vater servierte als ein Pastor bekannt zu der Zeit nur als „Daddy König". „Daddy" Königssohn´s richtiger Name ist Michael König ...
Während der Tage des Boykott, König Martin Luther wurde verhaftet aber zur gleichen Zeit Neger und ritt der Weißen Busse als gleicht." *
(nobelprize.org/translate.google.de)

* „Martin Luther King was born in Georgia in 1929. His father has served as a pastor known at the time only as „Daddy King". „Daddy" King`s son´s real name is Michael King ...
During the days of boycott, Martin Luther King was arrested but at the same time Negroes and whites rode the buses as equals."

Unity and right and freedom for the german fatherland

Die Bedenken der Lehrergewerkschaft GEW gegenüber dem Ansinnen, die Schüler den Text der deutschen Nationalhymne lernen zu lassen, kann man nicht ernst genug nehmen (Gefahr des Nationalismus).
Zumindest sollten die Schüler dann gleichzeitig den englischen Text lernen.

Wenn Länderspiele deutscher Nationalmannschaften im Ausland stattfinden, wäre es ohnehin angebracht, die deutsche Nationalhymne auf Englisch zu singen.

Exkurs (excursion): Deutsch im Ausland (German abroad)

Generell sollten Deutsche im Ausland auf den Gebrauch der deutschen Sprache verzichten, auch in Gesprächen untereinander, um sich nicht dem Verdacht auf nationalistische Haltung auszusetzen.
Deutsche Politiker und Wissenschaftler bemühen sich bereits seit längerem erfolgreich, die „Nachrangigkeit der deutschen Sprache" auf internationaler Ebene zu betonen.
Ein positives Beispiel gibt dafür auch die Deutsche Botschaft (German Embassy) in Tbilissi, Georgia.
Dort bewarb sich anfangs 2008 eine georgische Germanistin um eine ausgeschriebene Stelle und versuchte ganz unverfroren, das Vorstellungsgespräch auf Deutsch zu führen.
Die Botschaft ließ sich jedoch nicht irritieren; sie lehnte ab und blieb ihrem Grundsatz treu:
Vorstellungsgespräche an der deutschen Botschaft werden grundsätzlich auf Englisch geführt.

(Quelle: T. Berrang, Gespräch mit der Betroffenen in Tiflis, April 2008)

Fernsehsprecher

Auch das Fernsehen gewinnt immer mehr an Weltläufigkeit, nicht nur durch die Journalisten (gesprochen jetzt: Tschornalisten).

Endlich bemühen sich die Sprecher um eine korrekte, d. h. englische, Aussprache fremder Namen. Zum besseren Verständnis spricht man jetzt von der Insel **Tschemejke**, dem Bundesstaat **Elebäme** und den **Pärelimpics** (*Nachrichten RTL 21.9.08*).

Dass man nicht auf halbem Wege stehen bleiben will, machte u.a. eine Sprecherin des ZDF (*heute-journal vom 14.9.08*) deutlich, als sie von der russischen Stadt **Pörm** (im Atlas noch: Perm) sprach.

Entsprechend unserer sprachlichen Weiterentwicklung wird der Name der belgischen Stadt Waterloo im deutschen Fernsehen sinnvollerweise meist **Woterlu** ausgesprochen.

Schon früher gab es ja Ansätze: den Namen des dänischen Radsportlers Bo Hamburger etwa gab in einem Bericht von der Tour de France 1994 der deutsche Reporter mit **Bou Hämbörger** wieder.

Prominente Hoffnungsträger
im Kampf gegen Deutschtümelei

Für besondere Leistungen im Umgang mit der deutschen Sprache zeichnet der **Verein Deutsche Sprache** [nicht zu verwechseln mit der „Gesellschaft für deutsche Sprache“] jährlich Persönlichkeiten aus der Topelite* unseres Landes aus. 2008 wurde diese Ehre Berlins Regierendem Bürgermeister Wowereit für seine Hauptstadt-Werbung **„be Berlin“** [zu sprechen: bi berlin oder bi börlin] zuteil, der sich damit würdig in die Reihe der Preisträger einreiht.
Dem „Verein Deutsche Sprache“ kann man den Vorwurf allerdings nicht ersparen, dass der Titel **„Sprachpanscher des Jahres“** für diese Persönlichkeiten etwas unglücklich gewählt ist, da er die geglückte Distanzierung von einer veraltenden Sprache hin zu einem angesagten speech, wie es die Ausgezeichneten praktizieren, nur unzureichend wiedergibt.

*[Reformierte Trennung ab 1998, ab 2006 wieder falsch]

Ausgezeichnet wurden bisher u.a.

- der Vorstandsvorsitzende der Deutschen Post Dr. Klaus Zumwinkel (2002) für die dringend notwendige Einführung allgemeinverständlicher postalischer Bezeichnungen wie *One stop shopping, Global mail, Mailing Factory, Fulfilment, Stampit, Postage paint, Freeway, Easytrade, Funcard mailing, Travel service, Speed booking*

- Dr. Johannes Ludewig, Deutsche Bahn AG, (1999) für ebenso dringend benötigte *Mc Cleans* und vereinfachende Benennungen wie *ticket counter* (für Schalter), *service points und db-lounges*

- der Telekom-Manager Ron Sommer (1998) für *City-Calls, Free-Calls, German-Calls, Sunshine-* und *Moonshine-Tarife*

- und der Direktor des Frankfurter Städel-Museums und Erfinder des *Goethe-Jumps* [zu sprechen: gousi dschamp], Prof. Dr. H. Beck (2005); er lädt ein zu *Unfinished Print* und *Art after Work* mit anschließendem *Get-together*, inklusive *Member's Night* in der *Holbein's Lounge.*
  Und am *Family Day* gibt es einen *Art Talk for Families.*

Beispielhaft und wegweisend aber ist noch immer die allererste Preisträgerin (1997), die Hamburger Modeschöpferin Jil Sander, was z. B. ihr Statement für das Magazin der FAZ 1996 eindrucksvoll belegt:
„Ich habe vielleicht etwas Weltverbesserndes. Mein Leben ist eine giving-story. Ich habe verstanden, dass man contemporary sein muss, das future-Denken haben muss. Meine Idee war, die hand-tailored-Geschichte mit neuen Technologien zu verbinden. Und für den Erfolg war mein coordinated concept entscheidend, die Idee, dass man viele Teile einer collection miteinander combinen kann. Aber die audience hat das alles von Anfang an auch supported. Der problembewusste Mensch von heute kann diese Sachen, diese refined Qualitäten mit spirit eben auch appreciaten. Allerdings geht unser voice auch auf bestimmte Zielgruppen. Wer Ladyisches will, searcht nicht bei Jil Sander. Man muss Sinn haben für das effortless, das magic meines Stils."
(Quellen: dpa und www.vds-ev.de)

In ihrer Rubrik READING ROOM
fragt die FAZ besorgt:
„Ist Deutsch noch zu retten?" *

** Es ging um das Buch von Jutta Limbach: Hat Deutsch eine Zukunft?*
Aufgrund kritischer Stimmen wurde das Internet-Forum der FAZ „Reading Room" im April 2008 in das wenig spektakuläre „Lesesaal" umbenannt.

„Wie fühlen Sie sich nach
Ihrem Sieg?“
– „Ich bin total
emotionalisiert“ *

* Dressurreiterin beim CHIO Aachen 2008

Im Prinzip ist
die Grundlage jeder Basis
das Fundament der elementaren
sprachlichen Begrifflichkeiten

(Mehrheitsfähige Aussage, unter Verwendung von Originalformulierungen aus Fernsehinterviews)

Exemplarische Beispiele für angesagte Begrifflichkeiten qualitativ hochwertiger rednerischer Eloquenz

abheben auf: *sich gedanklich trotz heftiger Blähungen feinsinnig abgehoben auf etwas beziehen („Ich ahne, auf was Sie abheben.“)*

abklären: *eigentlich: klären; wirkt aber abgeklärter*

andenken: *sparsam umgehen mit dem Denken, vorsichtshalber. Vgl. auch:* **andiskutieren**

angesagt: *deutlicher als* **in,** *vor allem im Beugungsfall: „die angesagteste Band“ – statt „die inste Band“*

aufoktroyieren: *aufaufdrängen, aufaufzwingen (vom Duden mittlerweile empfohlen)*

auseinanderdividieren: *für veraltet: auseinanderbringen, trennen. Dudenschreibweise 1996 - 2006:* auseinander dividieren, *ab 2006:* auseinanderdividieren. *Demnächst auch: zusammenaddieren, wegsubtrahieren.*

Bauchgefühl: *früher im Sinne von: Bauchgrummeln; heute: innere Stimme, unbewusste Intelligenz (der Bauch, Sitz der Emotionen, aber auch von Herz und Hirn)*

davon ausgehen dass: *im Gegensatz zum statischen „annehmen dass" dynamisch-aktiv. Die Davonausgeher sind inzwischen eine Massenbewegung und bilden das geistige Pendant zur rein körperlichen Jogging- und Nordic-Walking-Bewegung*

definitiv: *kennzeichnet eine Feststellung als wissenschaftlich gesichert und endgültig: „Er ist definitiv zu blöd dazu."*

sich einbringen: *vermutlich aus der esoterischen Bewegung eingebracht: „Du, wenn du das verinnerlicht hast und dich da einbringen möchtest – du, ich denke, das bringt dir was." Oder so.*

einfordern: *eigentlich: fordern; wirkt aber fordernder*

emotional involviert sein: *zeitgemäße, wissenschaftlich korrekte Art der Beschreibung einer Gefühlsregung – etwa statt (veraltet) „ich liebe dich": „ich bin ein Stück weit emotional involviert". Vgl. auch:* **ein Stück weit** *(s.u.)*

sich fokussieren: *sich scharf stellen*

Handlungsbedarf: *„Es besteht Handlungsbedarf" – eine der derzeit beliebtesten Aussagen überhaupt, wirkt kompetent und ist schwer zu widerlegen*

innovativ: *fortschrittlich, neuartig, neu oder vermeintlich neu*

kommunizieren: *ursprünglich (physikalisch) unten miteinander verbunden sein und oben offen; mittlerweile für jeden Umgang miteinander gebraucht, jeder Art, auch zwischen Mensch und Tier*

meine (unsere) Philosophie: *hat in allen Bereichen die überholten* **Grundsätze** *ersetzt. „Wir spielen auf Angriff, das ist unsere Philosophie.“ Oder: „Meine Philosophie ist es, zu Leberwurst keine Gurken zu essen.“*

Modul: *Errungenschaft der modernen Pädagogik: „Innerhalb der Nachmittagsbetreuung übernehmen semiprofessionelle Kräfte nach dem Modul Mittagessen das Modul Klettern und am Wochenende das Modul Zelten mit Eltern.“*

neue Herausforderungen suchen,
sich neuen Herausforderungen stellen: *einleuchtende Begründung für Vertragsbruch, Wortbruch oder eheliche Untreue*

Option: *Möglichkeit; oft zu hören in Verbindungen wie: „Wäre das eine mögliche Option?“*

Paradigmenwechsel: *ursprünglich der Übergang zu einem radikal neuen Denkmodell (kopernikanische Wende, Aufklärung, Relativitätstheorie); heute liegt ein Paradigmenwechsel vor, wenn z.B. BMW ein neues Modell entwickelt.*

Quantensprung: *aus der Atomphysik entliehener Begriff; typisch für den Quantensprung ist, dass er winzig ist. Von Politikern (deshalb?) gerne benutzt: „Quantensprünge in der türkischen Politik"*

realisieren: *Manche merken, wenn es regnet, andere realisieren es sogar (= verwirklichen es).*

spannend: *„ein spannendes Bild", „ein spannendes Medikament", „spannende Langeweile",„spannende Menschen", „ein spannendes Land" – das ganze Leben eine spannende Aufgabe*

strukturell: *im allgemeinen Sprachgebrauch rein dekorativ verwendet, bewirkt eine strukturelle Verschönerung der Sätze*

ein Stück weit: *nicht uneingeschränkt; etwa als Antwort auf ein unmoralisches Angebot: „Ich kann Ihnen ein Stück weit entgegenkommen."*

traumatisiert sein: *im Zuge der Sensibilisierung vermehrt auftretendes Phänomen, z.B. bei einem unvorbereiteten Blick in den Spiegel*

dem Umstand geschuldet, dass: *noch eleganter als das zur Konjunktion umgewandelte* **weil** *(„weil er hat Masern"): „Seine Abwesenheit ist dem Umstand geschuldet, dass er Masern hat."*

Vorentwurf: *nicht Entwurf vor dem Entwurf, sondern Entwurf*

wegbrechen: *„Französischunterricht in Klasse 2 könnte wegbrechen." Und ähnliche Fälle.*

Wertigkeit: *„Was wir den Leuten deutlich machen müssen, ist die Wertigkeit unseres Produkts" – das heißt, wie viele Wasserstoffatome ein Atom des Produkts binden kann.*
– Oder war ***Wert*** *gemeint?*

Wohlfühlfaktor: *„ Ich sag mal: der Wohlfühlfaktor tendiert gegen Null." (Dagegen literarisch: „Ich fühle mich scheiße.")*

ein zweites Standbein: *Dreibeiner?*

Anm.: Die Autoren gehen davon aus, dass die Optionen ein Stück weit strukturell hinterfragt werden müssen.

Man muss es nur richtig verbalisieren, dann wird alles transparent

Zeitnah durchs Zeitfenster auf die Zeitschiene

„Das Zeitfenster nutzen!“, mahnt der Politiker (z.B. www.juergentrittin.de). Einfach das Zeitfenster öffnen und für Durchzug sorgen!

Durchs „zeitnah kommunizierte Zeitfenster“ (www.uni-bremen.de) entdecken wir auch gleich die Schiene, auf der‘s weitergeht.

„Der Gesamtablauf des Praxisprojekts zur Initiierung des intergenerationellen Lernens mit dem Fokus der Nachhaltigkeit ... wird in unten stehender Zeitschiene deutlich.“
(Kath. Erwachsenenbildung, www.kbe-bonn.de)
Und Josef Ackermann (7.2.2008): „Wir werden unseren Kurs der zeitnahen Transparenz fortsetzen.“
(www.deutsche-bank.de)

Alles klar.
Am besten „Signale zeitnah umsetzen, Emotionen außen vor lassen und durchstarten“!
(www.berufsstart.de/trendmelder.de)

Für höhere Ansprüche

Machen Sie sich bestimmte Formulierungen zu eigen! Reden Sie mit!

„genussorientierte Managementkompetenz“

„faires Null-Toleranz-Prinzip“

„zielführende Investitionspotenziale“

„familiengerechter Reformstau“

„zynisches Deeskalierungsszenario“

„qualifizierte Kommunikationsflexibilität“

„letztendliches Ökonomisierungssyndrom“

„authentische Sequenzierungsstruktur“

„systematisierte Interpretationsrelevanz“

„konstruktive Fluktuationsakzeleration“

„ ambivalente Motivationspräferenz“

(*Die einzelnen Elemente können nach Bedarf vertauscht werden, z.B.* „authentisches Reformsyndrom“ *usw.)*

Kompetenzkarten (Basis-Ausgabe)
Handreichung zur politischen Diskussion

Wir sind gut aufgestellt.*

Wir haben das Vertrauen in den Aufschwung gestärkt.

Sie versuchen die Wähler zu täuschen.

Ihr Populismus ist unerträglich.

Wir haben ein sozialverträgliches Rettungspaket geschnürt. Dies ist unverzichtbar.

Mit dieser pauschalen Antwort werden Sie der komplexen Problematik in keiner Weise gerecht.

Im Zeitalter der Globalisierung fehlt Ihnen ein zukunftsfähiges Konzept.

Jetzt kommen Sie mit Ihrem Totschlagargument.

Das ist zynisch! Hören Sie auf mit Ihrer Schlammschlacht!

Ich kann nur warnen, dies zu Wahlkampfzwecken zu instrumentalisieren.

Freiheit, Solidarität, Vertrauen!

*z.B. „Ich sehe uns auch in der Außendarstellung gut aufgestellt." (*F.-W. Steinmeier, ARD, 26.11.08*)

Kompetenzkarten (Basis-Ausgabe)
Handreichung zur politischen Diskussion

Ich teile Ihre Analyse nicht. Sie sehen Ihre Felle davonschwimmen.

Das ist pure Augenwischerei.

Sie haben die Wähler getäuscht. Dies ist unerträglich.

Das ist der Knackpunkt! Sie versuchen das Problem auszusitzen, anstatt sich um die Lösung der Krise zu mühen.

Machen Sie erst mal Ihre Hausaufgaben!

Diese Unterstellung soll von Ihrem eigenen Versagen ablenken.

Das ist zynisch! Sie haben doch die Arbeitslosigkeit zu verantworten!

Sie haben die Bildungsmisere zu verantworten!

Ihre Partei ist es doch, die einen überaus unfairen Wahlkampf führt!

Ich kann nur warnen, dies zu Wahlkampfzwecken zu instrumentalisieren.

Vertrauen, Freiheit, Solidarität!

Unabsehbar ausbaubar

„Ich halte diese Fläche [vor der Musikhochschule] für dringend optimierbar“, schrieb eine Redakteurin der Saarbrücker Zeitung in der Ausgabe vom 3.12.2008.
Ah, zum Beispiel wäre diese Fläche dringend bespielbar oder auch dringend bepflanzbar, jedenfalls kann sie dringend bestmöglich gestaltet werden, am besten mit „unkaputtbaren Pflanzen“ (Formulierung aus derselben Ausgabe der Zeitung). Das wäre dann unoptimierbar.

Als der Coca-Cola-Konzern 1990 für die Einführung von Plastikflaschen mit der Bezeichnung „unkaputtbar“ warb, löste diese Wortschöpfung eine unbremsbare Begeisterung aus. „Unkaputtbar“ waren danach nicht nur der Titel eines Schlageralbums und eines Theaterstücks – das Internet verzeichnet 119 000 Eintragungen zu diesem Begriff; im Angebot ist u. a. ein T-Shirt mit dem Aufdruck „Gottes Liebe ist unkaputtbar“.

Die Werbung stellte eine Art Initialzündung für bare Wortschöpfungen dar. Fans des VfL Bochum bezeichneten ihren Verein als unabsteigbar. Seitdem gibt es scharenweise unabsteigbare und unaufsteigbare Clubs. Eine Firma bietet die „Rose von Jericho“ an, „jederzeit aufblühbar“; sie ist im Internet kaufbar.
Laufbare Wege, singbare Texte, erinnerbare Menschen, umsetzbare Vorgaben, optimierbare Leistungen und leistbare Optimierungen – inzwischen ist alles machbar und sagbar und zumindest nachvollziehbar oder nicht.

Die Kunst der Kritik

In einer besonderen Weise bedient sich die ***Kunstkritik*** *der Sprache (und erhebt sie ganz nebenbei selbst zum Kunstwerk).*
Der Kritiker erkennt, viel besser als der Künstler selbst, was uns der Künstler mit seinem Werk sagen wollte. Er schreibt's uns auf, und wenn wir es gelesen haben, sagen wir: „Aha!"

„Man kennt ihr filigranes, fantastisches Wucherwerk, ihre Vorliebe für Attituden des Gestern, ihre über das Blatt gestreuten ... verstiegenen linearen Sinnauswürfe."
(Aus einer früheren Kunstkritik der Saarbrücker Zeitung unter dem Titel „Die giftig böse Brut in ihren farbsatten Kokons")

„Und Hitler natürlich, immer wieder Hitler, Luftröhrenschnitt durch das Bewusstsein, bewegt sich ihr Schauraum in der Nähe zur Dramaturgie des sexuellen Traumes, der seine Vermeidung träumt als absolutes, zur Ruhe gekommenes Objekt."
(Zu einem Hörspiel über Leni Riefenstahl „Massai Hitler", TV-Magazin „Gong", August 2008)

Amtlich

Wer könnte sich der eigentümlichen Schönheit gerade amtlicher Schreiben schon entziehen?

„Ist der mittelbare Besitzer dem Eigentümer gegenüber zur Überlassung des Besitzes an den Besitzer nicht befugt, so kann der Eigentümer von dem Besitzer die Herausgabe der Sache an den mittelbaren Besitzer oder, wenn dieser den Besitz nicht wieder übernehmen kann oder will, an sich selbst verlangen." (§ 986 I,II BGB)

Die Lektüre des BGB vermittelt überdies ein Gefühl der Sicherheit durch die Erkenntnis, dass alles geregelt ist und es doch immer einen Ausweg gibt:
„Eine Ehe kann aufgehoben werden, wenn

1. *ein Ehegatte sich bei der Eheschließung im Zustand der Bewußtlosigkeit oder vorübergehender Störung der Geistestätigkeit befand*
2. *ein Ehegatte bei der Eheschließung nicht gewußt hat, daß es sich um eine Eheschließung handelt*

(Aus: *§ 1314 II BGB*)

Leider erreichen die heutigen amtlichen Schreiben meist nicht die Klarheit der berühmt gewordenen Vorschrift aus dem Reisekostenrecht des Bundes
„Stirbt ein Bediensteter während einer Dienstreise, so ist damit die Dienstreise beendet“
und auch nicht die Überzeugungskraft einer Behauptung wie
„Der Geschlechtsunterschied zwischen den Eltern ist Voraussetzung für die Zeugung des Nachwuchses“ (nachzulesen in den Informationen zur politischen Bildung Nr. 206, 1985).

Freilich werden amtlicherseits immer wieder auch einfache sprachliche Lösungen versucht. Allerdings führen sie dann leicht zu Missverständnissen.
Als Beispiel dafür sei die „Abführzange“ genannt (die in verschiedener Ausführung auch im Internet unter www.atame.info/CU angeboten wird). Es handelt sich dabei jedoch nicht um ein medizinisches Gerät, anwendbar bei hartnäckiger Verstopfung, sondern um eine Art Handschelle: sie dient Polizisten als Hilfe beim Abführen von Straftätern.
Und wer sich beim „Fallmanager“ fragt, wieso es eines Managers bedarf, um zu fallen, hat einfach nicht mitgekriegt, dass aus dem einstigen Berufsberater der (besonders qualifizierte) „Fallmanager“ geworden ist, der die „Initialbewerbung“ des Arbeitslosen entgegennimmt.

Differenziertere Formulierungen beugen solchen Missverständnissen vor; unsere immer komplizierter gewordene Welt verlangt nun einmal nach der entsprechenden sprachlichen Form.
Etwa bei der Antwort auf die Frage, was man sich unter einem Telefonnetz vorzustellen hat.
Also: Das ist der „Sprachtelefondienst", und was das ist, erklärt das *Telekommunikationsgesetz:*
„Sprachtelefondienst ist das gewerbliche Bereitstellen für die Öffentlichkeit des direkten Transports und der Vermittlung von Sprache in Echtzeit von und zu den Netzabschlusspunkten des öffentlichen, vermittelnden Netzes, wobei jeder Benutzer das an solch einem Netzabschlusspunkt angeschlossene Endgerät zur Kommunikation mit einem anderen Netzabschlusspunkt verwenden kann."
(§ 3 TKG)

Einen besonderen Bekanntheitsgrad haben amtliche Begriffe erlangt, die in unzähligen Internet-Eintragungen einer begeisterten Öffentlichkeit präsentiert werden, Begriffe wie
„raufutterverzehrendes Großvieh" für *Kuh,*
„Lebensberechtigungsbescheinigung" für *Stammbuch,*
„bedarfsgesteuerte Fußgängerfurt" für *Fußgängerampel,*
„Abstandseinhaltungserfassungsvorrichtung" für *Querstreifen auf der Autobahn* und andere.

Sie haben nur einen einzigen Nachteil: keiner weiß, wo´s steht.
Nirgendwo in offiziellen Behördentexten waren diese einfallsreichen und spektakulären Bezeichnungen leider zu finden. Auch die IDEMA – eine Forschergruppe der Universität Bochum, die über 1000 Behördentexte gesammelt hat – konnte sie darin nicht entdecken.
Die Vermutung liegt nahe, dass es sich um nichtamtliche Wortschöpfungen handelt. Nach Auskunft der IDEMA gelang zum Beispiel der Presse die Verlängerung des „Restmüllbehälters" zur angeblich amtlichen „Restmüllbehältervolumenminderung" (2008).

Mit dem Ziel, das ohnehin positive Bild von Ämtern und Beamten zu untermauern, werden so eigene eindrucksvolle Erfindungen als die von Behörden präsentiert – eine Selbstlosigkeit, die Anerkennung verdient.

Unsere Besten

Wie einfühlsam in den letzten Jahren auch Wirtschaft und Politik, Militär und Wissenschaft mit Sprache umgegangen sind, zeigt sich in manchen ihrer Wortschöpfungen, die rasch zum Allgemeingut wurden. Es sind Wörter, die durch ihren Charme auch Missliches (wie Entlassungen oder die Tötung von Zivilpersonen) in einem positiven Licht erscheinen lassen.
Zu den schönsten zählen

+ Freistellung +

+ Diätenanpassung +

+ Gewinnwarnung +

+ sozialverträglich +

+ Selektionsrest +

+ Zellhaufen +

+ Kollateralschaden + *

* *Vgl. auch geglückte Formulierungen wie:*
„Intelligente Waffensysteme ermöglichen chirurgische Schnitte."

Mitglieder und Mitgliederinnen*

* Einzahl: der Mit**glied**, die Mit**gliedrin**

C(3) Zahl der Kurse/Lehrgänge nach besonderen Adressatengruppen und Programmbereichen

Programmbereich	(1) *Kurse für Ältere*	(2) *Kurse für Analpha-beten*	(3) *Kurse für Arbeits-lose*	(4) *Kurse für Ausländer-innen*	(5) *Kurse für Menschen mit Be-hinderung*	(6) *Kurse für Frauen*

(Formular: Deutsches Institut für Erwachsenenbildung)

Weibliche Formen

Erfreulicherweise setzt sich die Gleichberechtigung von Mann und Frau wenigstens im Sprachgebrauch mehr und mehr durch:

„... ein Raucher- und Raucherinnenbein ..."
„... auf Verbrecher- und Verbrecherinnenjagd ..."
„... die Gesetze für Triebtäterinnen und Triebtäter ..."
„... der Bestand an Mörder- und Mörderinnenwalen

Auszug aus einer Vereinssatzung 2005:

„Der Vorstand setzt sich aus dem/der Vorsitzenden, einem/einer StellvertreterIn, dem/der SchriftführerIn, dem/der SchatzmeisterIn und sechs BeisitzerInnen zusammen."

Politisch korrekt, grammatikalisch allerdings unzulässig.
Richtig – in gutem Deutsch – muss es heißen:
„Der Vorstand setzt sich aus dem/der Vorsitzenden, einem/einer Stellvertreter(in), dem/der Schriftführer(in), dem/der Schatzmeister(in) und sechs Beisitzer(inne)n zusammen."

*

Finanzminister Steinbrück in allen TV-Auftritten im Oktober 2008: „... die Sparerinnen und Sparer ...", *gesprochen als* „... die Sparinnen und Sparer ...".

Früher: „In den Mannschaftssportarten sollten die Spielertrainer ...“
Heute: „In den Mann/Frauschaftssportarten sollten die Spieler- und Spielerinnentrainer und Spieler- und Spielerinnentrainerinnen ...“
oder auch „... sollten die Spieler/innen/trainer/innen“
Ebenso: „Die Bürger/innen/meister/innen“

*

Sonderfall:

„Liebe Mitglieder und Mitgliederinnen!“
(Häufig zu hörende Ansprache von Vereinsvorsitzenden)
Gut gemeint, aber:
Da die Frau von Natur aus nicht Mit-Glied ist, sollte frau die machoistische Wortschöpfung „Mitglied“ grundsätzlich girlkottieren.

*

Die ultimative Lösung bietet die Süddeutsche Zeitung in ihrer Online-Ausgabe www.Sueddeutsche.de vom 12.1.08:

„**Die** Gourmet-Bibel ‚Michelin‘ hat in **seiner** Ausgabe für Überraschungen gesorgt – **es** hat den dienstältesten Drei-Sterne-Koch abgestuft.“

Anhang
Erste Hilfe bei Grünfärbung

Frau entdeckt nach Stunden Fledermaus im BH

(dpa 10.7.08)

Ein Sadist ...

Prinz Charles als siebenfacher Eierköpfer enttarnt

(dpa 26.9.07)

... und auch noch ein Dieb?

350 Weihnachtsgänse von Prinz Charles gestohlen

(dpa 13.12.07)

- falls angebissen!

Gericht: Wurf mit Döner verletzt nicht die Menschenwürde

München. Der Wurf mit einem angebissenen Döner auf einen Menschen stelle keine schwerwiegende Verletzung der menschlichen Würde dar, befand das Münchner Amtsgericht (Az.:

(dpa 8.4.08)

Eine ernste Behinterung:

Belgischer Justiz geht Klopapier aus

(dpa 13.2.08)

Erlösung für Klinsi

Kohli schlägt Kiwi

... und wieder viel Neues von Schweini, Poldi, Olli, Balli – alles von BILDI (23.6.08)

Eigenwillige Interpretation der Klinsmannschen Taktikanweisung „Ihr müsst euch zeigen!“:

Fußballer auf offiziellem Mannschaftsfoto mit entblößtem Geschlechtsteil

(dpa 28.8.08)

Wenn Sie niesen und jemand Ihnen nicht „Gesundheit“ zuruft, sondern „Sie Schwein“, dann handelt es sich um jemanden, der auf der Höhe der Forschung ist:

Forscher: Niesende Männer denken an Sex

(dpa 20.12.08)

Einmal muss Schluss sein!

Nigerianer muss sich von 82 Frauen scheiden lassen

(dpa 2.9.08)

Erste Hilfe bei
grünlichen Verfärbungen
(SZ 11.9.08)

Schlachtfest im Altersheim
(Wochenspiegel 10/07)

**Seniorinnen reisen mit
menschlichen Knochen**
(SZ 13.3.08)

**Massenschlägerei auf der
Intensivstation**
(ddp 19.5.08)

Wenn der Kopf wegfällt . . .
(SZ 13.11.08)

Geschlachtetes Huhn
liegt auf dem Friedhof
(SZ 9.6.08)

KLEINBLITTERSDORF

28-Jähriger stößt mit Wildschwein zusammen

(SZ 18.9.08)

US-Senator reicht Klage gegen Gott ein – wegen Terrordrohungen

(dpa 19.9.07)

Podolski erlöst Deutschland

(FocusOnline, 2.9. 06)

Ballak erlöst Deutschland

(BILD 17.6.08)

Kein Weltuntergang – Letzte Sektenmitglieder verlassen ihr Erdloch

(dpa 7.5.08)

US-Firma bietet letzte Ruhe auf dem Mond an

(afp 21.4.08)

Dank

Für die Produktion des umfangreichen Materials danken wir

der Presse, dem Rundfunk und dem Fernsehen
der Wirtschaft, der Politik, der Verwaltung
der Rechtschreibreform
der Lehrergewerkschaft GEW
der Gesellschaft für deutsche Sprache
dem Internet
der Deutschen Botschaft in Tiflis
und dem Duden

Für die Unterstützung beim Sammeln danken wir

Helga und Herbert Meiser
Mechthild und Siegmund Nimsgern
Antje und Tyark Ringmann
Maria und Robert Schichtel
Ursula und Josef Schulz
Margaret und Günter Müller
Rigobert Wilhelm
Thomas Berrang
IDEMA
Alice, Eva und Raad